LA

LOI DES MAIRES

(20 Janvier 1874)

SON APPLICATION DANS LE CANTON DE LA RÉOLE

et son influence sur l'Élection du 29 mars 1874

Extraits du journal La Gironde

BORDEAUX

IMPRIMERIE G. GOUNOUILHOU

11, RUE GUIRAUDE, 11

—

1874

LA LOI DES MAIRES

(20 Janvier 1874)

Son application dans le canton de La Réole et son influence sur l'élection du 29 mars 1874.

> Toutes les manifestations qui ont été permises au pays depuis trois ans ont toujours été une revendication énergique et persistante de la République.
>
> J. Grévy. *Discours* du 20 nov. 1873.

> Toutes les élections qui ont eu lieu depuis la prorogation ont produit des députés hostiles au gouvernement actuel. Rien n'y a fait, pas même ces maires officiels sur lesquels on comptait tant.
>
> De Franclieu, député. — *A ses Électeurs.*
> (Vacances de 1874.)

I

Le 14 avril 1871, dans un mouvement de libéralisme relatif qu'elle ne devait plus retrouver, mais qui témoignait encore un peu de la vieille ardeur décentralisatrice du fameux programme de Nancy, la Chambre versaillaise votait, par 497 voix contre 16, la loi sur les *élections municipales,* qui allaient avoir lieu le 30 du même mois.

L'art. 8 de cette loi, déterminant la durée du mandat des nouveaux Conseils communaux, était conçu dans ces termes :

« Les Conseils nommés resteront en fonctions jusqu'à la promulgation de la loi organique sur les municipalités. Néanmoins, la durée de ces fonctions ne pourra excéder trois ans. »

On sait ce qui est advenu de cet article, dont le texte est formel : les nouvelles élections municipales devaient être faites fin avril 1874 au plus tard. Partout elles eussent été républicaines, grâce à l'application de la loi des maires. Le Gouvernement l'a compris, et son ministère a obtenu de la docilité de cette Chambre introuvable la prorogation jusqu'au 1ᵉʳ janvier 1875 des Conseils municipaux actuellement en fonctions. Voilà comment les successeurs de M. Thiers tournent les difficultés quand, d'aventure, ils en rencontrent sur leur chemin.

Revenons à la loi du 14 avril.

Dans l'art. 9, le législateur prescrivait les conditions dans lesquelles seraient élus les chefs des municipalités et disait :

« Le Conseil municipal élira le maire et les adjoints parmi ses membres au scrutin secret et à la majorité absolue. La nomination des maires et adjoints aura lieu provisoirement par décret du Gouvernement, dans les villes de plus de 20,000 âmes et dans les chefs-lieux de département, d'arrondissement et de canton, quelle qu'en soit la population. Les maires seront pris dans les Conseils municipaux. »

*
* *

Moins de trois ans après, c'est-à-dire le 20 janvier 1874, à l'instigation du plagiaire et du protégé de l'Empire, du chef impopulaire et détesté de ce cabinet du 24 mai, qui a tant fait de mal à la France, de ce ministre ambitieux, hautain, inhabile, qui veut, à Versailles, sur le théâtre du roi-soleil, jouer les grands rôles politiques, et qui se trouve n'être qu'un imitateur pâle et sans talent des hommes d'État de Napoléon III, de M. de Broglie enfin, puisqu'il faut l'appeler par son nom, la même Assemblée, avant tout préoccupée de la réélection problématique de sa majorité réactionnaire, détruisait elle-même son œuvre et votait, par 359 voix contre 318, la loi suivante, qui n'avait d'autre but que de réorganiser, avec le concours des anciens agents bonapartistes, la candidature officielle telle qu'elle florissait aux plus beaux jours du héros de Sedan !!!

On peut juger à cette heure, par le résultat des élections de la Gironde et de la Haute-Marne, l'influence de ces manœuvres équivoques et déloyales sur l'esprit des électeurs urbains ou ruraux.

Voici le texte de la loi du 20 janvier dernier :

« ARTICLE PREMIER. — Jusqu'au vote de la loi organique municipale, les maires et les adjoints seront nommés par le Président de la République dans les chefs-lieux de département, d'arrondissement et de canton ; dans les autres communes, ils seront nommés par le préfet.

» ART. 2. — Dès la promulgation de la présente loi et sans qu'il y ait lieu de pourvoir aux vacances qui existeraient dans les Conseils municipaux, il sera procédé à la nomination des maires et adjoints ; ils seront pris soit dans le Conseil municipal, soit en dehors ; mais, dans ce dernier cas, la nomination sera faite suivant les distinctions énoncées en l'article premier, par décret délibéré en Conseil des ministres ou par arrêté du ministre de l'intérieur.

» Les maires et adjoints devront être âgés de vingt-cinq ans accomplis, membres du Conseil municipal ou électeurs de la commune.

» ART. 3. — Dans toutes les communes où l'organisation de la police n'est pas réglée par la loi du 24 juillet 1867 ou par des lois spéciales, le maire nomme les inspecteurs de police, les brigadiers, sous-brigadiers et agents de police. Ils doivent être agréés par les préfets.

» Ils peuvent être suspendus par le maire, mais le préfet peut seul les révoquer.

» ART. 4. — Dans les deux mois qui suivront la promulgation de la présente loi, l'Assemblée nationale sera saisie, par le Gouvernement, d'un projet de loi d'organisation communale, si elle ne l'a été précédemment par l'une de ses Commissions. »

II

Nous allons voir et étudier de près l'application de cette loi, pour le canton de La Réole, et ses conséquences dans le scrutin du 29 mars 1874.

*
* *

Février 1874.

Il n'en faut plus douter, en dépit des répugnances per-
sonnelles de M. Pascal, notre préfet, le mouvement des
nouveaux maires s'effectue partout dans la Gironde au
profit et pour la plus grande gloire des bonapartistes : le
proscrit de Chislehurst doit en tressaillir d'aise dans sa
tombe.

Dans l'arrondissement de La Réole surtout, que son
républicanisme bien connu désignait un des premiers à la
pression réactionnaire, les impérialistes triomphent sur
toute la ligne : c'est la revanche de Sedan et du 4 Septembre.

A Sauveterre, à Pellegrue, à Targon, MM. Icard, Deynaud et Roustaing, dont on connaît le dévouement à la
dynastie napoléonienne, reçoivent la nouvelle investiture
et sont maintenus à la tête de leurs communes. On voit
que M. le duc Decazes, qui eut autrefois maille à partir
avec ces messieurs, dans sa lutte électorale contre
M. Chaix-d'Est-Ange, n'a pas de rancune, et qu'il n'en
veut point à ceux qui lui firent jadis une guerre si achar-
née. Le noble duc pratique en vrai chrétien l'oubli des
injures, et il tend une main affectueuse à ses anciens
adversaires, en même temps qu'il sacrifie ses anciens
amis. C'est d'un très bon naturel et d'un excellent cœur !

A Saint-Macaire, encore une ville perdue de républicanisme, M. Ferbos, l'ami particulier de M. de La Roquette
et de feu Saint-Arnaud, l'hôte assidu de Malromé, succède
à M. Randé, démissionnaire : *aquila redux !*

En reprenant l'écharpe municipale, M. Ferbos doit
souhaiter que les conseillers qu'il va présider de par la
volonté du gouvernement de combat, soient plus assidus
aux séances qu'il ne le fut lui-même sous l'administration
de son prédécesseur.

M. Pasquerie est désigné pour occuper la place de
M. Issartier à Monségur. C'est une succession fort difficile
à recueillir, ô M. Pasquerie ! que celle de l'honorable con-
seiller général de votre canton. Il vous faut de larges et
robustes épaules pour supporter le fardeau administratif
d'une commune si importante, et au profit de laquelle,

vous le reconnaîtrez vous-même, depuis de nombreuses années, M. Issartier n'a cessé de déployer une intelligence, un zèle, un dévouement, une abnégation incomparables. Il est vrai que vous trouverez en M. Moreau, votre adjoint, un auxiliaire vaillant, sinon expérimenté; mais..... Enfin nous verrons bien.

Arrivons au chef-lieu de l'arrondissement. A La Réole, il n'était pas aisé de remplacer un maire et des adjoints républicains, sympathiques à la population, et dont l'habile et sage administration n'avait donné lieu qu'à des éloges; au besoin nous invoquerions le témoignage des hommes du Gouvernement et de M. le Sous-Préfet lui-même. On a donc eu, paraît-il, quelque peine à trouver les éléments d'une municipalité nouvelle. Nous avons, à ce sujet, des renseignements très précis, très intimes.

Disons quelques mots du nouveau maire, M. Deynaud (Amédée-Hippolyte) et de ses deux adjoints, MM. Duprada (Jean) et Cluzan (Mathurin), tous choisis dans le camp napoléonien.

Ce n'est pas la première fois que M. Deynaud est imposé comme maire à la population réolaise. Dans une des périodes les plus tristes et les plus sombres de l'Empire, le 17 mars 1855, M. Grabias, le sous-préfet de La Réole, avec lequel il devait plus tard rompre si bruyamment, M. Grabias le prenait en dehors du Conseil et l'installait à la tête de la municipalité de cette ville. M. Deynaud, si nous ne nous trompons, conserva ses fonctions jusqu'au mois de mai 1861, époque où un incident le fit se démettre de son titre de maire.

Peu de temps après être rentré dans la vie privée, il posa sa candidature au Conseil général contre M. E. Pereire, et il succomba dans ce tournoi électoral.

En 1870, M. Deynaud, que les revers n'abattent pas, descendit une nouvelle fois dans l'arène et rechercha encore pour l'assemblée départementale les suffrages de ses *chers* concitoyens.

Dans sa circulaire du 30 mai 1870, le candidat *dégagé de toute attache officielle, s'associant aux aspirations libérales d'une situation nouvelle, se posait en champion ardent et convaincu de la revendication complète de toutes nos libertés*

publiques et de l'affranchissement de la commune. — Des paroles aux actes, quelle distance!!!

Plus heureux qu'avec M. Pereire, M. Deynaud finit pourtant, cette fois, par être élu à un second tour de scrutin.

Mais il était écrit qu'il ne verrait pas la terre promise, que le Conseil général ne serait pour lui qu'un mirage trompeur : il ne devait pas s'asseoir encore sur le siége rêvé. — La guerre, en effet, survenait impitoyable, suivie de nos désastres, et entraînant avec elle la dissolution de la plupart de nos assemblées départementales : M. Deynaud redevenait Gros-Jean comme devant.

Nous ne parlerons pas de son échec aux élections générales de 1871 : il est de ces grandes infortunes qu'il faut savoir respecter..... Ne relevons, dans cette circonstance, qu'un seul chiffre, il est suffisamment significatif : le nouveau maire de M. de Broglie obtint dans la ville qu'il va administrer 200 et quelques voix; son concurrent en obtint 750 environ.

Le renouvellement partiel des Conseils généraux et les élections municipales auront lieu bientôt, sans nul doute; M. Deynaud pourra tenter une nouvelle expérience. — Cette fois, mieux encore qu'auparavant, il mesurera l'abîme qui le sépare d'une influence sérieuse, d'une popularité durable. — Au revoir, M. Deynaud.

Le premier adjoint de M. Deynaud, toujours de par la volonté de M. Pascal combinée avec celle de M. de Broglie, est M. le docteur Duprada, une des fortes têtes du parti bonapartiste à La Réole. *Dignus est intrare.....* Après avoir été adjoint de M. Beynard en 1866, M. Duprada devint maire de La Réole en septembre 1869. Un an plus tard, il s'écroulait avec l'Empire. Il reprend aujourd'hui son premier titre d'adjoint ; M. le docteur n'est pas fier; il consent à redevenir sous-officier après avoir été capitaine. — On n'est pas plus accommodant!

Le second adjoint, la troisième roue du char, M. Cluzan (Mathurin), était, il y a à peine deux mois, agent-voyer de l'arrondissement de La Réole. Disons, en passant, qu'il est pensionné du département.

M. Cluzan est un bon et brave vieillard qui a fait les

campagnes de l'Empire (électorales bien entendu) à la tête
d'une compagnie de cantonniers. — D'aucuns prétendent
que maintes fois, sous l'œil paternel des de Bouville et des
Grabias, il les conduisit au feu, non sans vaillance.

Avis aux candidats officiels de l'avenir..... et de l'ordre
moral !

*
* *

C'était quelques jours avant la terrible Saint-Barthélemy
des maires républicains de la Gironde. M. Pascal, notre
préfet bien-aimé, disait à l'un de ses sous-préfets qui
lui offrait un candidat maire pour le chef-lieu de son
arrondissement :

— M. X..., je n'en veux pas ; je le sais bonapartiste, et
nous n'en voulons à aucun prix, des bonapartistes ! Il me
faut des orléanistes !

— Eh ! mais, hasardait avec timidité le sous-préfet
dans l'embarras, je ne sais pas si j'en trouverai, des
orléanistes, dans mon arrondissement..... Ils doivent être
rares.

— Alors, amenez-moi M. Y..., reprenait le préfet d'un
ton impérieux ; je le ferai accepter.

Or, M. Y... est un napoléonien panaché de philippisme.

En effet, le surlendemain, M. Y... se présentait à
M. Pascal avec le sous-préfet susdit, et, après quelque
hésitation, il daignait accepter la lourde charge. Ne
fallait-il pas sauver la société ?

Et M. X..., dont on n'avait pas voulu parce qu'il était
napoléonien, était bombardé premier adjoint de M. Y... Il
faut convenir que cette petite histoire, dont je garantis,
non les termes, mais les détails, est édifiante et qu'elle
prouve bien le dévouement absolu des préfets et des sous-
préfets au septennat (que Dieu garde !).

Qu'on ne dise pas, après cela, que M. Pascal est com-
promettant pour le Gouvernement, et que, comme
Jocrisse, il a la main lourde et maladroite ! Non ! non !
c'est bien l'homme de la politique de Broglie-Decazes. Il
ne faut pas de bonapartistes, il en fourre partout !

Voyez plutôt ce qui s'est passé, dans la portion rurale

du canton de La Réole, à propos des nouveaux et des anciens maires. Six communes seulement, à part le chef-lieu, ont eu le privilége d'attirer la foudre de Jupiter-Pascal : Gironde, Lamothe-Landerron, Mongauzy, Blaignac, Saint-Hilaire-de-La-Noaille et Saint-André-du-Garn, six bourgs voués aux dieux infernaux. Dans la plupart d'entre eux, on a remis à la tête des municipalités ceux-là mêmes qui y étaient sous l'Empire et que la rafale du 4 septembre avait impitoyablement balayés.

Reprenons en détail :

La commune de Gironde, une des plus importantes du canton, avait le rare avantage d'être administrée, depuis longtemps déjà, par un homme d'une valeur et d'un mérite éprouvés, d'une compétence réelle, professant des idées sagement progressives et libérales, sinon républicaines, très versé en outre dans les choses de l'agriculture, du commerce et de l'industrie : M. Paul Laborde, l'auteur de la *Lettre à M. le duc Decazes*.

Il fut nommé maire de Gironde, pour la première fois, en 1856; il conserva ses fonctions jusqu'en 1863, époque à laquelle il donna sa démission pour reconquérir sa liberté d'action et mettre sa légitime influence au service de deux hommes qui luttaient avec opiniâtreté contre les candidats officiels de l'Empire : M. Henri de Lur-Saluces, son ami personnel, et M. Decazes; sur le libéralisme duquel, comme beaucoup d'autres, hélas ! M. Laborde se faisait d'étranges illusions.

M. Laborde devait rester peu de temps éloigné de sa mairie. Le gouvernement du 4 septembre, trop heureux d'avoir le concours d'un pareil auxiliaire, le plaçait à la tête de sa commune, et, peu de temps après, aux élections de 1871, les habitants de Gironde consacraient ce choix, en accordant à M. Paul Laborde la presque unanimité de leurs suffrages.

Cet honorable magistrat a rendu à son pays d'éminents services : entre autres choses, il a fait construire la mairie et la maison d'école; il a complété le réseau des chemins qui desservent Gironde ; il s'est beaucoup occupé, dans l'intérêt des industriels et des négociants de la vallée du Drot, de l'abaissement du tarif des marchandises sur le chemin de fer du Midi; à l'époque de la guerre, M. Laborde eut le premier, dans son canton, l'idée de créer des ateliers pour les ouvriers sans travail; il organisa une ambulance et prêta généreusement une de ses maisons, dans ce but philanthropique. Pendant cette rude et douloureuse période où la France râlait sous le talon d'un impitoyable vainqueur, le maire de Gironde fut toujours sur la brèche, donnant l'exemple du dévouement le plus loyal et le plus patriotique.

Ajoutons que M. Paul Laborde est un grand propriétaire, plus fort imposé dans Saint-Félix-de-Foncaude et dans Gironde; qu'il fait un commerce très important de vins et de balais, et qu'il occupe un très nombreux personnel d'ouvriers, de manœuvres, dont il est fort affectionné.

Voilà l'homme frappé par MM. Pascal et Decazes, et au profit de quoi, grand Dieu? Au profit du bonapartisme le plus pur.

M. Peyroulet, son successeur, est un officier en retraite qui déjà, sous l'Empire, a ceint l'écharpe aux trois couleurs : nouveau phénix, il renaît de ses cendres. La Mairie, dit-on, n'a été offerte à M. Peyroulet qu'après le refus de M. Monneins. C'est un détail.

Le nouveau magistrat trouve avec difficulté un adjoint : celui de M. Laborde, l'honorable M. Ballan, a refusé l'offre qui lui était faite; il veut suivre le maire révoqué dans sa retraite. C'est une attitude qui honore M. Ballan et dont nous le félicitons bien sincèrement.

A Lamothe-Landerron, la succession administrative de M. Despeyroux, décédé, était échue à M. Ulysse Pubereau, une nature honnête, douce et sympathique.

M. Pubereau, le maire d'hier et de demain assurément, est jeune, actif, intelligent et riche, ce qui ne gâte rien. Mais il est républicain, crime irrémédiable! Et de plus, il a été élu deux fois maire par le Conseil municipal. En fallait-il davantage aux hommes de combat? M. Pubereau a été brutalement révoqué, et ce fait, auquel on ne pouvait pas croire à Lamothe, y a causé une émotion mêlée de pas mal d'indignation.

Son adjoint, l'honorable M. Couperie a, lui aussi, été exécuté : on ne saura jamais pourquoi.

Ce sont MM. Bertrand fils, médecin, et Durand, avocat, *doctores ambo*, qui succèdent à MM. Pubereau et Couperie. Après la plèbe, *vulgum pecus*, l'aristocratie dirigeante. Ces deux messieurs n'ont jamais fait partie du Conseil, et il est à peu près certain que les Lamothais, aux prochains scrutins municipaux, les tiendront à l'écart de ces fonctions électives.

M. Bertrand a tout juste dans sa commune l'influence de son patron, M. Deynaud, à La Réole : c'est bien peu, on en conviendra.

Quant à M. Durand, nous n'en savons que ceci : il est très clérical. Aussi Lamothe va-t-elle avoir bientôt deux paroisses, partant deux desservants; ce qui ne doit pas du tout réjouir le bon et brave vieux curé Irisson.

Au surplus, MM. Bertrand et Durand sont deux hommes nouveaux : nous attendrons leurs actes avant de les juger. Patience donc !

A Mongauzy, M. Augey, le maire, élu par ses concitoyens, et qui laisse d'excellents souvenirs de son administration, est remplacé par M. Despin, vétérinaire.

M. Despin est un homme affable, doux et conciliant : ce n'est pas le maire à poigne qu'il faut à M. de Broglie. Nous regrettons sincèrement pour lui qu'il soit allé se fourvoyer dans semblable galère. Il n'a pas les qualités, ou pour mieux dire les défauts qu'on est en droit d'attendre des nouveaux magistrats municipaux. M. Despin a cédé trop aisément à certaines obsessions; nous souhaitons qu'il n'ait pas à le regretter plus tard.

Blaignac est une charmante petite commune perchée sur la rive gauche de la Garonne, dans la plus riche des contrées, dans le plus luxuriant des paysages. Elle a le bonheur, et n'en est pas plus fière, de compter parmi ses gros contribuables le nouveau maire de La Réole, possesseur de domaines importants, une façon de grand seigneur féodal.

Depuis le 4 septembre — date horrible ! — Blaignac

avait pour premier magistrat municipal M. Esterlin fils,
propriétaire-agriculteur, un homme jeune, lui aussi,
s'occupant avec ardeur des intérêts de ses administrés,
très indépendant avec cela, et absolument dévoué aux
idées républicaines. Vite! vite! un arrêté, monsieur Pascal:
il faut détruire la mauvaise herbe, faucher l'ivraie, y
arrêter le développement d'une influence qui peut nuire
au suzerain et maître!

M. Sarrazin, le grand exécuteur des hautes-œuvres de
M. le Préfet, a fait remplacer M. Esterlin par M. Dubouil,
l'ancien adjoint du maire de l'Empire.

M. Deynaud sera-t-il satisfait? Espérons-le, ô mon
Dieu!

A Saint-Hilaire-de-la-Noaille, le maire d'avant le 4 septembre, l'illustre M. Bignon, succède à M. Chassaigne,
l'élu de ses concitoyens. Infortunée commune!

M. Gabourin (Eugène), qui n'avait, en 1871, accepté les
fonctions de maire que par dévouement, et parce qu'elles
lui étaient en quelque sorte imposées par les habitants de
Saint-André-du-Garn; M. Gabourin, qui n'appartient à
aucun parti, à aucune coterie, et qui est estimé de tous,
M. Gabourin est mis à pied comme un simple cavalier de
seconde classe, et M. Périé remonte sur son grand cheval
de bataille du temps de Napoléon III. Grand bien vous
fasse, Monsieur Périé!

Voici comment on expurge, comment on purifie un
canton; voici comment on prépare les candidatures offi-
cielles; comment on sert le septennat; comment un
ministre de l'intérieur tient compte de ses circulaires;
comment, enfin, on rétablit l'*ordre moral!*

Et maintenant, républicains, laissez passer la justice de
MM. Pascal, de Broglie, Sarrazin et Decazes... Votre heure
viendra. Sachez l'attendre!

III

30 mars 1874.

Rompant non seulement avec la courtoisie et la bien·
veillance, mais encore avec les traditions de MM. Grabias,
de Rességuier, Camille Braylens, Ferrouillat et de Baril-
lon, ses prédécesseurs, M. Sarrazin, notre sous-préfet, n'a
pas voulu admettre, dimanche soir, le public à prendre à
la sous-préfecture les nouvelles du scrutin qui arrivaient,
à chaque instant, des communes rurales et qu'on attendait
avec une impatience bien naturelle.

Vers neuf heures, un assez grand nombre de nos com-
patriotes se transportèrent, comme d'habitude, à l'hôtel
des Bénédictins, pour solliciter de la complaisance de notre
premier magistrat la communication des résultats connus
pour le canton et pour l'arrondissement.

M. Sarrazin, de mauvaise humeur sans doute, fit fermer
la porte au nez des indiscrets, pendant qu'il recevait, en
petit comité, ses intimes du bonapartisme.

Ce procédé, conforme du reste aux pratiques du gouvernement de l'*ordre moral* ou, comme on dit maintenant, *de
la défense sociale,* n'a point surpris notre population sage,
vaillante, républicaine et qui, sur *neuf cents* et quelques
votants, venait de donner plus de *sept cents* voix à l'honorable M. Roudier.

On s'est retiré en bon ordre, avec calme et aux cris
plusieurs fois répétés de : *Vive la République!*

Le progrès des idées républicaines dans le canton de
La Réole est notable et mérite d'être signalé. On ne voit
pas que la loi des maires y ait produit les effets qu'en
attendaient les Pascal et les Sarrazin de combat.

Les communes dont les municipalités ont été révoquées
et si singulièrement remplacées ont donné la majorité, et
plusieurs d'entre elles une majorité écrasante au candidat
de la Ligue républicaine.

Voici quelques-uns des résultats : nous les recomman-
dons à l'attention du sous-préfet de La Réole et des futurs
candidats officiels.

Inutile de vous parler de la commune de La Réole. —

C'est la forteresse imprenable : *nunquam polluta*. Les assiégeants monarchistes, quels qu'ils soient, verts, blancs ou bleus, se consumeront vainement contre elle en attaques inutiles. La ville de La Réole et le canton ne se laisseront jamais surprendre par les intrigants et les stratégistes de la réaction. La vigilance des sentinelles nous en est un sûr garant.

M. Roudier a eu au chef-lieu de l'arrondissement 602 voix de plus que le général Bertrand, 542 de plus que l'amiral Larrieu.

Dans la commune de Mongauzy, voisine de La Réole, le résultat a été encore plus écrasant. M. Augey, le maire républicain, avait été dernièrement révoqué, cela n'a pas suffi à faire triompher le candidat de la fusion.

Malgré tous les efforts d'une minorité active et remuante, malgré les propagateurs de certaines calomnies à l'adresse de l'honorable candidat de la Ligue :

MM. Roudier a eu	111 voix.
Larrieu	20 —
Bertrand	9 —

Quelle chute! L'écrasement a été complet. Quand les ardeurs de la lutte se seront un peu calmées, on pourra rechercher les auteurs des bruits insensés qui avaient couru un instant dans ces contrées : les tribunaux en feront leur affaire. A bon entendeur, salut !

A Lamothe-Landerron, même grand succès :

MM. Roudier a eu	212 voix.
Larrieu	87 —
Bertrand	22 —

M. le Sous-Préfet de La Réole est-il bien convaincu maintenant de la débilité de sa poigne ? — Il doit voir que la révocation du maire aimé n'a rien changé à l'esprit patriotique et sage de cette commune importante; il croyait l'intimider en lui nommant un maire de son choix, un magistrat de combat, mais on n'a plus peur aujourd'hui : Croquemitaine est mort depuis longtemps, et les matamores n'effraient plus personnes. Le résultat de l'élection de dimanche, à Lamothe, est un hommage rendu au principe républicain, en même temps qu'une protestation en faveur de MM. Pubereau et Couperie, si injustement frappés par le gouvernement de M. de Broglie.

A Saint-Hilaire-de-la-Noaille, nous avons gagné quelque peu de terrain. M. Roudier a eu plus de voix que MM. Caduc et Dupouy. On nous affirme que, dans cette commune, le nouveau maire, *proprio motu*, aurait ajouté trois noms qui ne figuraient pas sur la liste électorale : celui entre autres du curé qui n'a pas six mois de domicile. Si le fait est inexact, M. Bignon le démentira et nous insèrerons sa rectification.

La commune de Blaignac, privée elle aussi de son maire républicain, a vu s'augmenter les voix indépendantes. Le candidat de la Ligue a eu quelques suffrages de plus que dans les élections précédentes.

Grâce au mystère et au silence dont s'entourent préfet et sous-préfets, aujourd'hui mercredi, nous ignorons encore les résultats partiels des autres communes. Nous y reviendrons dès que l'administration aura levé le voile et nous les aura fait connaître.

*
* *

Reprenons, si vous le voulez bien, pour le canton de La Réole, l'étude sommaire des chiffres du scrutin du 29 mars. On pourra, de cette façon, apprécier l'influence de la loi des maires sur l'esprit des populations de nos campagnes, et en même temps se faire une idée de l'importance et de la valeur propagandiste de ce fameux Comité prétendu libéral-conservateur, qui, en *violation flagrante de la loi*, et sous l'œil bienveillant et protecteur de l'autorité, fonctionne d'un bout d'année à l'autre, dans notre département, prêchant dans le désert, il est vrai, et répandant en vain sur un sol ingrat la semence de ses circulaires, de ses programmes, de ses lettres confidentielles, de ses mots d'ordre éventés, de ses numéros de l'*Électeur*, le journal officiel de l'ordre moral.

Oui, ils étaient là, dans la rue Vital-Carles, à deux pas de l'Archevêché, drapés dans leurs vanités et dans leurs ambitions, une douzaine de grands hommes incompris qui, sous l'inspiration de MM. Decazes et Cⁱᵉ, croyaient avoir organisé le parti royaliste dans la Gironde, parce qu'ils avaient trouvé, dans quelques communes et, à grand peine, deux ou trois hobereaux ou bourgeois qui acceptaient l'*honneur* de devenir les correspondants de l'illustre M. Chauvot. Avec le précieux concours de ces auxiliaires dépopularisés, de ces fruits secs du suffrage universel et le coup d'épaule du préfet Pascal, ils comptaient dompter le monstre et lutter efficacement contre *le flot montant du radicalisme*. Hélas! trois fois hélas!! Le campagnard, sceptique de sa nature, est par-dessus tout anti-royaliste : Henri V l'effraie et le comte de Paris ne le rassure guère; il se laisse difficilement séduire par ces salutations empressées, ces chaudes poignées de main dont on daigne l'*honorer* au cours des périodes électorales. Il n'a pas voulu du candidat orléano-légitimiste qu'on lui avait pétri avec tant d'amour et de sollicitude. Il a carrément voté contre lui, sans se soucier du sous-préfet, et il est même des communes rurales, dans l'arrondissement de La Réole, où l'amiral Larrieu n'a pas eu une seule voix, pas même celle de *môssieu* le maire. Pas de chance, M. de Broglie, toujours le *déveine !*

Une intéressante histoire à raconter que celle de ce Comité de *défense sociale* qui a déployé tant d'activité et surtout tant d'argent pour arriver à un si piteux résultat. Les membres de cette étrange association et leurs correspondants peuvent aujourd'hui mesurer avec exactitude, à l'étiage de leur croissante impopularité, le progrès incontesté des idées de conservation républicaine.

A *Gironde*, la commune la plus rapprochée du chef-lieu de l'arrondissement, le nouveau maire, ballotté entre ses vieilles et sincères affections bonapartistes et les engagements pris avec les agents de M. Pascal, n'a pas fait merveille : il était permis à l'ordre moral d'attendre davantage de la valeur guerrière de M. Peyroulet.

M. Roudier a eu 155 voix. — La même commune avait donné 99 voix à M. Caduc et 124 à M. Dupouy. Le progrès est sensible, et M. Sarrazin conviendra bien que la révocation de l'honorable et regretté M. Paul Laborde a mal servi les intérêts du parti soi-disant conservateur.

On se souvient qu'à *Saint-André-du-Garn*, le péril social avait impérieusement exigé que M. Eugène Gabourin, le maire sympathique à ses administrés, cédât l'écharpe municipale à M. Périé, l'ancien administrateur sous l'Empire. C'était un défi jeté à l'opinion, la population y a répondu par un vote très significatif, et, sur l'importance duquel nous insisterons d'autant plus, que jusqu'alors Saint-André-du-Garn avait usé d'une rigueur impitoyable à l'égard des candidats républicains.

MM. ROUDIER a eu...................... 36 voix.
LARRIEU .... 19 —
BERTRAND .... 3 —

C'est un grand succès et nous en félicitons les habitants de Saint-André-du-Garn.

Voici pour les communes dont les municipalités avaient été révoquées. Dans toutes, le candidat républicain a triomphé, c'était la meilleure réponse à faire aux fonctionnaires de M. de Broglie chargés de mettre à exécution la nouvelle loi des maires.

Disons quelques mots des autres résultats dans le canton.

A tout seigneur tout honneur! La commune de Camiran, grâce au zèle et à l'intelligence de quelques-uns de nos amis, a donné un bel exemple de patriotisme et d'indépendance. Elle a fourni au candidat de la Ligue une très forte majorité, et tout le parti républicain lui en sera reconnaissant.

MM. ROUDIER a eu .... 88 voix.
LARRIEU .... 12 —
BERTRAND .... 40 —

Les résultats obtenus à Loubens ne sont pas moins remarquables :

MM. Roudier a eu	....	54 voix.
Larrieu	....	21 —
Bertrand	....	18 —

Mentionnons aussi, au nombre des communes qui se sont le plus vaillamment conduites le 29 mars dernier, Fontet où M. Roudier a obtenu 102 suffrages; Hure, 92; Morizés, 83; Bagas, 46; Loupiac, 48; Bourdelles, 34; Saint-Sève, 31. — Il n'est pas jusqu'à la commune de Noaillac qui ne soit en progrès manifeste. Depuis les dernières élections, le parti républicain a recruté un nombre de voix qui nous assurera la majorité aux prochains scrutins.

Sans autres commentaires, nous livrons ces chiffres aux méditations de ceux que n'aveugle point le fanatisme de la réaction à outrance.

En terminant, nous avons le devoir de signaler la progression manifeste du parti républicain dans le canton de La Réole.

Le 20 octobre 1872, M. Caduc obtint 1,853 voix; le 27 avril 1873, M. Dupouy en eut 1,954. Dans l'intervalle de ces deux scrutins, nous avions conquis 101 suffrages. M. Roudier vient de recueillir 2,069 voix, c'est-à-dire 115 de plus que M. Dupouy. Donc, en totalité, depuis la fin de l'année 1872, nos forces se sont accrues de 215 voix.

Bravo! et Vive la République!

P.-S.

Avril 1874.

Monsieur le Rédacteur,

A propos de la commune de Mongauzy, canton de La Réole, et de M. Despin, le maire, que *l'ordre moral* avait donné pour successeur à M. Augey, vous disiez dernièrement :

« M. Despin est un homme affable, doux et conciliant. Ce n'est pas le maire à poigne qu'il faut aux agents de M. de Broglie. Nous déplorons pour lui qu'il soit allé se fourvoyer dans semblable galère. Il n'a pas les qualités, ou pour mieux dire les défauts qu'on est en droit d'attendre des nouveaux magistrats municipaux.

» M. Despin a cédé trop complaisamment à certaines obsessions : nous souhaitons qu'il n'ait pas à le regretter plus tard. »

Eh bien! votre correspondant connaissait M. Despin, et il avait des renseignements exacts sur l'honorabilité de son caractère. Il savait aussi, sans doute, les influences de petite coterie qui s'étaient agitées autour de lui pour lui faire accepter l'écharpe municipale en de si singulières circonstances.

Aujourd'hui, je suis heureux de vous apprendre que M. Despin, dont le passé libéral protestait contre cette faiblesse momentanée, vient de donner sa démission de maire de Mongauzy.

Le résultat du dernier vote ne pouvait lui laisser aucun doute sur les aspirations politiques à peu près unanimes de ses concitoyens, et peu de jours après le scrutin du 29 mars, il a franchement signifié à l'amiral Sarrazin qu'il ne pouvait plus faire partie de son équipage.

On dit que M. Poitevin sera appelé à remplacer le maire démissionnaire : tant mieux. Le peu de popularité du nouveau venu ne pourra que profiter à notre cause.

Dans toute la sincérité de notre cœur, nous adressons nos compliments à M. Despin sur une détermination qui l'honore. Ses amis et ses anciens administrés lui en tiendront un large compte aux prochaines élections municipales.

A quand maintenant les démissions de MM. les maires de La Réole, de Gironde, de Lamothe-Landerron, de Saint-André-du-Garn, de Blaignac et de Saint-Hilaire-de-La Noaille?

Allons, Messieurs, allons, hâtez-vous si vous ne voulez pas vous brouiller définitivement avec le suffrage de vos concitoyens.

Bordeaux. — Imp. G. Gounouilhou, rue Guiraude, 11.

www.ingramcontent.com/pod-product-compliance
Lightning Source LLC
Chambersburg PA
CBHW050450210326
41520CB00019B/6154